ANKERPLATZ

MEINER

FREUNDSCHAFT

Wundertütenpoet

VON

TINA HÜSCH

DIE MÖGLICHKEITEN
VON POESIE UND FREUNDSCHAFT

Bibliografische Information der Deutschen Nationalbibliothek: Die
Deutsche Nationalbibliothek verzeichnet diese Publikation in der
Deutschen Nationalbibliografie; detaillierte bibliografische Daten
sind im Internet über dnb.dnb.de abrufbar.

ISBN: 9783754308790

Herstellung und Verlag: BoD – Books on Demand, Norderstedt

ABOUT ME

In meinem Kopf schlafen noch tausende von Wundern und warten täglich darauf, dass der Peter Pan meiner Seele sie aufweckt.

Denn erst dann, wenn alle Geschichten erzählt sind, verliert der Zauber des Lebens seine Magie.

Mein inneres Kind hat immer einen Koffer gepackt, damit es ins Wunderland verreisen und dort Abenteuer erleben kann.

Gern würde ich in jede Pfütze springen, auf Bäume klettern und auf allen Blumenwiesen dieser Welt Purzelbäume schlagen.

Die Lebensfreude ist mein größter Schatz und wird durchs Teilen ständig mehr.

Sie glänzt und glitzert und wirkt magnetisch auf alles, bis es zum Freudensturm wird.

In der Schatzkiste meines Geistes sammle ich Sternschnuppen, denn das Gefühl erfüllter Wünsche macht mich süchtig.

Freunde bedeuten mir sehr viel, denn aus ihrer Herzlichkeit entspringt meine Lebensenergie.

Komm mit mir und verbring einen Tag in meinem Wunderland, erlebe, dass wahre Freunde im Leben niemals fehlen dürfen.

Viel Spaß dabei, wenn die Buchstabenfreude meines Herzens auf die Freunde meiner Seele trifft.

FÜR DIE WAHREN

FREUNDE

MEINER POESIE ...

Für alle, die wissen,

wie wichtig wahre Freunde sind,

und das gemeinsame Abenteuer lieben.

Für Dich,

weil Du ein Freund meiner Poesie bist

und dadurch mein Herz berührst!

INHALT

Einblick, Einsicht, Erkenntnis ... .14

Erster Streich ... .21

Ein Freund 23

Leuchtkraft 24

Jedermann 25

Jemanden zum Pferdestehlen 26

Komm, lass uns 28

Nie getrennt 29

Lebenshauptgewinn 30

Etwas kunterbunt Verrücktes 31

Niemand 33

Teufelsangst 34

Wegen dir 35

Lachen im Sinn 36

Erkenntnisse des ersten Streichs ... .38

Zweiter Streich ... .41

Freunde 42

Mein Glück 43

Immun 44

Träume erwachen 46

Engelsfreunde 47

Wundervoller Mensch 48

Rat 49

Das letzte Hemd 50

Komm und bleib 51

Peter Pan 53

In dir daheim 54

Freundschaftsspiel 55

Erkenntnisse des zweiten Streichs ... .56

Dritter Streich 59

Ohne Neid und Streit 60

Freundschaft 61

Nicht perfekt 62

Im Herzen brennen 64

Glücklich sein. 65

Du bist mein Wir 66

Du bist 67

Unbezahlbar 68

Pferde zurückbringen 69

Purzelbäume 70

Schweben 71

Erkenntnisse des dritten Streichs 72

Vierter Streich 75

Allianz fürs Leben 76

Engel 78

Energie, die ewig bleibt 79

Ohne Worte verstehen 80

Lauthals singen 81

Pure Freude 82

Nie vergeht 83

Für die Ewigkeit wissen 84

Mein Held 85

Danke sagen 87

Sternenfreunde 88

Himmelsblau 89

Erkenntnisse des vierten Streichs 90

Schlusshoffnung 92

EINBLICK, EINSICHT, ERKENNTNIS ...

Wenn man mich nach der großen Besonderheit im Leben fragt, dann würde ich Freunde sagen.

Denn sie begleiten uns auf unserer Reise, sind immer da und immer nah. Freunde sind das, was im Leben nicht fehlen darf.

Das, was uns prägt, sind unsere Beziehungen zu anderen Menschen. Sie sind das, was uns Freude und Energie bringt und alle Traurigkeit vergessen lässt.

Es sind die Verbindungen im Leben, die unserem Sein seine Individualität geben.

Alles Materielle kann verloren gehen und ist uns nur auf Dauer dieser Erdenreise geschenkt. Die Verbindung und Freundschaft zu einem anderen Menschen hingegen ist pure Energie und hat für alle Ewigkeit Bestand.

Kein Gut dieser Erde kann auf die Länge der Zeit das in uns auslösen, was ein anderer Mensch zu wecken vermag. Nichts Materielles kann uns auf Dauer glücklich machen und die Traurigkeit unserer Seele heilen.

Aller Reichtum schafft keine Verbindung zur Menschlichkeit und zur Wärme unserer Seele.

Nur der Mensch kann dem Menschen ein Mensch sein, ein Freund und Gefährte. Unsere Seele braucht, um sich entfalten zu können, die Verbundenheit zu anderen Menschen, sie braucht den Spiegel und die Gewissheit, dass sie geschätzt und geliebt wird, sonst beginnt sie zu erkranken.

Um ein Leben aus vollem Herzen genießen zu können und die eigene Verletzlichkeit abzulegen, braucht es die Allianz zu anderen Menschen, zu Freunden.

Freunde sind Menschen, die auch die „NICHT-Schokoladenseite" der eigenen Persönlichkeit kennen und einen gerade deshalb lieben, weil man nicht perfekt ist, Ecken und Kanten hat und wundervolle Macken besitzt.

Freunde reichen einem die Hand, wenn man am Boden liegt, helfen beim Aufstehen und gehen die ersten Schritte mit einem gemeinsam.

Mit Freunden ist das Glücklichsein glücklicher und die Trauer nie so tief und schwarz.

Freunde unterstützen einen bei verrückten Ideen und halten einen von Dummheiten ab.

Freunde kennen auf Dauer das Wort Neid nicht, und beleidigt zu sein, ist ihnen fremd.

In ihren Augen kann man sich selbst wiederfinden, wenn man den Kontakt zum eigenen Bauchgefühl verloren hat.

Wirklich wahre Freunde sind kostbar, sie sind selten wie Diamanten und bringen ein Funkeln ins Leben.

Wahre Freunde im Leben zu finden, ist ein großes Ziel auf unserer Erdenreise, denn mit ihnen stellen wir das wieder her, was auf dieser Welt so oft verloren geht oder zu wenig existiert. Es ist die Verbundenheit mit allem und die Gewissheit, dass alles mit allem in Verbindung steht.

Wenn wir uns getrennt von all unseren materiell erwirtschafteten Gütern sehen und uns ganz auf unsere Verbindungen im Leben konzentrieren, dann sehen wir genau das, was wir für die Dauer der Ewigkeit geschaffen haben. Alles andere sind nur Leihgaben, die wir irgendwann wieder zurückgeben müssen. Die Verbindungen zu anderen Seelen sind pure Energien, die nicht verloren gehen und für die Ewigkeit Bestand haben.

Selbst wenn wir die Form des Lebens gewechselt haben, werden die Freundschaft und die Verbundenheit bestehen bleiben. Es wird ein Wiedersehen mit allen geben, die uns vorausgegangen sind, und wir werden auf die warten, die uns folgen.

Alle Gefühle bleiben bestehen, sind in unserer Seele gespeichert und leben dort fort, das ist eine wundervolle Eigenschaft der Freundschaftsenergie, wie sie kein materielles Gut je erreichen wird.

Aus diesem Grunde pflege Deine Freundschaften, sei für Deine Freunde da und lass sie in die wahre Tiefe Deines Herzens sehen, damit man keine aufgesetzten und falschen Beziehungen führen muss, die sich am Ende nur als Energievampir in unserem Leben zeigen.

Erkenne, wer es wirklich ernst und gut mit Dir meint und wer sich nur aus irgendeinem Grunde mit Dir oder Deinen Fähigkeiten schmücken möchte.

Schau in die Augen Deines Freundes, denn wenn Du in ihnen keinen Neid sehen kannst, ist er ein wahrer Freund, anderenfalls ist er bestenfalls ein guter Bekannter, dem es nicht um Dich als Mensch, sondern um seine eigenen Belange geht.

Freundschaft ist eine Sache, die im Herzen entsteht und durch Gemeinsamkeit wächst. Sie ist eine Verwandtschaft von Seelen, die sich gut verstehen und viele gemeinsame Interessen haben.

Auch in einer Freundschaft kann man sich streiten und Meinungsverschiedenheiten erleben, doch wenn man sich wirklich nah ist, wird man bei genauerem Hinschauen feststellen, dass man den anderen gerade deshalb mag und schätzt, weil er so ist, wie er ist. Aus diesem Grunde heraus toleriert man seinen Freund, dies ist eine wundervolle Gabe, die eine wahre Freundschaft auf Gegenseitigkeit ausmacht.

In einer guten Freundschaft sollten beide Parteien ihre Stärken und Schwächen haben dürfen, sich diese nicht vorenthalten und aneinander wachsen.

Denn gerade Toleranz ist, außer verzeihen zu können, auch ein wichtiger Grundstein der Freundschaft, genauso wie der gegenseitige Respekt und die tiefe Dankbarkeit, dass man es geschafft hat, genau diesen Menschen auf der Welt gefunden zu haben und ihn einen „Freund" nennen zu dürfen.

Freundschaft wächst und vergrößert sich durch Hürden, die man im Leben gemeinsam meistert, und steile, steinige Wege, die man gemeinsam geht.

Einen alten Freund nach langer Zeit wiederzutreffen, ist wie einen Sonnenaufgang im Inneren des Herzen zu erleben, mit ganz viel Helligkeit und Wärme. Es ist ein unbeschreibliches Gefühl der Verbundenheit und des inneren Glücks, und genau dieses Gefühl ist es, auf das es im Leben ankommt. Es ist die Magie der Energie, aus der wir alle sind und die sich in Verbindungen potenziert, um noch kraftvoller zu werden. Freundschaften sind ein wahrer Schatz, den es zu behüten und zu schützen gilt.

Solange man einen wahren Freund im Leben hat, wird man nie alleine sein, und egal was einem auch zustoßen wird, es ist immer jemand da, der einen auffängt und uns mit Rat und Tat zur Seite steht. Freunde schenken sich die Hoffnung, die nötig ist, den Mut, der gebraucht wird, und die Kraft, die erforderlich ist. Freunde sind ehrlich zu Dir, auch wenn es einmal nicht einfach ist, sie fangen Dich auf, wenn Du fällst, und helfen Dir, Plan B zu schmieden. Freundschaften geben dem Leben einen tieferen Sinn und die sichere Gewissheit, nicht alleine auf der Welt zu sein. Freunde sind unsere Wahlverwandten und wirken sich positiv auf unsere Gesundheit und unseren Körper aus. Es gibt Studien, die belegen, dass Menschen, die von lieben Freunden umgeben sind, eine höhere Lebenserwartung haben.

Dies geschieht durch Momente der Vertrautheit. In solchen Momenten wird nämlich das Hormon Oxytocin vermehrt gebildet und das wirkt sich positiv auf unser Leben aus, denn es hemmt bei Stress und Angstzuständen die Bildung des Stresshormons Cortisol.

Durch diese Vertrautheit entsteht eine große Verlässlichkeit und Sicherheit im Leben.

Die Sehnsucht nach wahrer und tiefer Freundschaft ist uns allen angeboren. Wir alle sehnen uns danach, einen Menschen zu treffen, der unser wahres ICH kennt und gerade dieses wahre ICH liebt.

Wir sind alle Suchende auf dem Weg zu einer **Freundschaft**, die unser Herz berührt.

F - röhlichkeit

R - etter

E - hrlichkeit

U - neigennützig

N - ähe

D - ankbarkeit

S - ternschnuppe

C - harme

H - offnung

A - llheilmittel

F - reudentaumel

T - oleranz

Ein wahrer Freund schenkt uns seine **Fröhlichkeit**, er ist unser **Retter** und unterstützt uns mit **Ehrlichkeit** vollkommen **uneigennützig**. Ein Freund ist in Gedanken immer in unserer **Nähe** und erfüllt von **Dankbarkeit**, ein Freund zu sein.

Er ist die **Sternschnuppe** mit **Charme**, die uns immer neue **Hoffnung** bringt, und das **Allheilmittel** in allen Lebenslagen, damit der **Freudentaumel** nie enden mag. Ein treuer Freund besitzt **Toleranz** für uns, egal was passiert.

Nur der Mensch, der wahre Freundschaft kennt, kennt auch das Gefühl wahren Glücks. Denn im Teilen der Glücksfreude ist das Geheimnis von immerwährendem Glücklichsein versteckt.

Innere Zufriedenheit und Glück breiten sich immer mehr aus, je mehr man sie teilt.

HOMMAGE AN DIE FREUNDSCHAFT

Ein Freund ist immer da,
ein Freund ist immer nah,
denn unser Dasein
verlangt ein Nahsein.
Ein Freund gibt mir die Kraft,
wie nur ein Freund es schafft,
durch ihn bin ich lebhaft,
ist das nicht fabelhaft.
Mit Freundschaft krieg ich alles hin,
in mir erwacht des Lebens Sinn,
ein Freund, ein wahrer Hauptgewinn.
Ein Freund schenkt mir frischen Mut,
wie es nur ein wahrer Freund tut.
Ein Freund macht mir das Leben reich
und alle Härte wird ganz weich.
Ein Freund ist wichtig für mein Sein,
denn in ihm bin ich daheim.
Komm und lass uns FREUNDE sein.

Ist es nicht ganz wundervoll zu spüren, wie magisch Freundschaft sich in unserem Leben anfühlt?

Jede gute Freundschaft hat einen eignen Zauber, der wichtig für unser Leben ist, eine Melodie, die uns zum Tanzen bringt und alle Traurigkeit vergessen lässt.

KOMM UND FEI'RE SIE MIT MIR,
DIE FREUNDSCHAFTEN DEINES LEBENS.

ERSTER STREICH ...

Ein Freund ist die **Leuchtkraft** unseres Lebens, denn **Jedermann** braucht **Jemanden zum Pferdestehlen**.

Komm, lass uns ... Nie getrennt sein, damit der **Lebenshauptgewinn Etwas kunterbunt Verrücktes** sein wird.

Denn **Niemand** auf der Welt soll irgendwann einmal eine **Teufelsangst** haben.

Du bist mein Freund, **Wegen dir** habe ich immer ein **Lachen im Sinn**.

EIN FREUND

Einen Freund kann man nicht suchen,
einen Freund kann man nicht buchen,
ein Freund wird einen finden.
Ein Freund ist immer da,
ein Freund ist immer nah,
ein Freund geht niemals weg.
Ein Freund lässt dich nie allein,
ein Freund wird immer bei dir sein.
Eine Freundschaft ist viel wert,
jenen, denen sie widerfährt.

LEUCHTKRAFT

Mitten in meinem Herzen,
da brennen ganz viele Kerzen
für unsere Freundschaft,
sie haben Leuchtkraft.
Fröhlichkeit ist die Eigenschaft
unserer Freundschaft,
sie gibt mir Kraft,
damit habe ich noch jedes Hindernis geschafft.

JEDERMANN

Jemand, der immer da ist,
meiner Seele nah ist,
dessen Liebe wahr ist.
Diesen jemand wünscht sich jedermann,
der nur wünschen kann.

JEMANDEN ZUM PFERDESTEHLEN

Ich suche einen Menschen, der mich mag,
einen Menschen, der alles für mich wagt.
Einen Menschen, der noch träumen kann
und verrückt sein
im Hier,
nicht irgendwann.
Jemanden zum Pferdestehlen,
dieser jemand darf nicht fehlen
in meinem bunten Lebenssinn,
denn mit diesem jemand bekomm ich jedes Wunder hin.

27

KOMM, LASS UNS ...

Komm, lass uns wieder Sandburgen bauen,
uns an große Wunder trauen.
Komm, lass uns wieder in Pfützen springen
und lustige Lieder singen.
Komm, lass uns wieder fröhlich sein
ganz ungetrübt im Sonnenschein.
So sind wir nie allein
und werden wundervoll glücklich sein.

NIE GETRENNT

Auch wenn du fern bist,
bist du nah,
auch wenn du fort bist,
bist du da.
Auch wenn du weg bist,
bist du hier
und unser Ich ein Wir.
So leben wir durch Raum und Zeit,
sind nie getrennt Richtung Unendlichkeit.

LEBENSHAUPTGEWINN

Ich mag dein Vor-Freude-Toben,
dein ständiges Mich-Loben,
dein nicht vorhand'nes Meckern
und mit Schokolade-dich-Bekleckern.
Ich mag die Suche nach dem Sinn
mit dir so mittendrin,
du bist mein Lebenshauptgewinn.

ETWAS KUNTERBUNT

VERRÜCKTES

Ich möchte was ohne Lästern,
ich möchte was ohne Neid,
auf die Dauer der Ewigkeit,
fernab von jeder Zeit.
Ich möchte was mit Lachen,
mit Fröhlichkeit
und Glitzern drin,
etwas kunterbunt Verrücktes
für meines Lebens Sinn.

31

NIEMAND

Es gibt niemand, der so ist wie ihr,
kommt und bleibt noch ein bisschen bei mir.
Will noch eine Weile mit euch die Zeit totschlagen
und uns an verrückte Sachen wagen.
Will euch noch so viel erzählen
und die wunderbarsten Worte wählen.
Will, dass alle Zeit steht still,
weil ich noch so viel mit euch erleben will!

TEUFELSANGST

Wenn wir zwei nahen,
bekommt der Teufel Angst,
die Höllenhunde heulen
und der Sensenmann kriegt Beulen.
Sind wir zusammen,
wird alles Schlechte gehn
und in jeder Ecke ein Engel stehn.

WEGEN DIR

In dir hab ich mich selbst gesehen,
wegen dir kann ich mich endlich verstehen.
Wegen dir hab ich mir selbst wieder vertraut
und meine Welt neu aufgebaut.

LACHEN IM SINN

Freche Ideen,
sich endlos verstehen,
Späße, die nie ausgehen,
und ein Lachen im Sinn,
mit meinen Freunden bekomm ich alles hin.
Ich liebe IHN,
diesen niemals endenden Frohsinn.

37

ERKENNTNISSE DES ERSTEN STREICHS ...

IST es nicht wundervoll, wahre Freunde im Leben zu haben?
Schreibe ihre Namen auf und das wunderschönste Erlebnis,
was Euch verbindet, so geht die Energie Eurer Freundschaft nie verloren.

. . . .
. . . .
. . . .
. . . .
. . . .
. . . .
. . . .
. . . .
. . . .
. . . .
. . . .
                                    . . . .
                                    . . . .
                                    . . . .
                                    . . . .
                                    . . . .
                                    . . . .
                                    . . . .
                                    . . . .
                                    . . . .
                                    . . . .
                                    . . . .

. . . .
. . . .
. . . .
. . . .
. . . .
. . . .
. . . .
. . . .
. . . .
. . . .
. . . .
. . . .
. . . .
. . . .
. . . .
. . . .
. . . .
. . . .
. . . .
. . . .
. . . .
. . . .
. . . .
. . . .
. . . .
. . . .
. . . .

39

40

ZWEITER STREICH ...

Es ist so wichtig, im Leben wahre Freunde zu haben, die zu einem stehen,
einen zum Lachen bringen und in den Arm nehmen,
wenn man einmal weinen muss.
Gute Freunde sind die Lebensmusik unserer Seele.

KOMM UND LASS MEINE GEDICHTE ZU DIR SPRECHEN
UND DIR VON DER FREUNDSCHAFT ERZÄHLEN, DIE HIER
AUF ERDEN IM LEBEN NIE FEHLEN DARF.

Gute **Freunde** sind **Mein Glück**, sie machen mich **Immun**
gegen alle Traurigkeit!
Träume erwachen in mir und erfüllen mich mit **Engelsfreude**,
dass Du **Wundervoller Mensch** für mich immer einen **Rat** hast
und **Das letzte Hemd** geben würdest.
Komm und bleib mein **Peter Pan**.
Ich bin **In dir daheim** und genieße unser **Freundschaftsspiel**.

FREUNDE

Freunde teilen,
Freunde verweilen,
Freunde heilen
alles, was schmerzt.
Freunde bewahren,
helfen dir bei Gefahren
in allen Lebenslagen.
Freunde hören dir zu,
so vergeht der Kummer im Nu.

MEIN GLÜCK

Ihr seid mein Glück,
ihr seid das,
was ich brauch,
wenn es mal im Leben raucht,
wenn's mal heftig wird und brennt,
wenn´s mal wieder irgendwie klemmt.
Dann seid ihr da
und steht mir nah,
ihr helft mir weiter,
seid meine Begleiter.
So läuft alles wie von selbst,
ich hab mein Glück bei euch bestellt.

IMMUN

Mit dir beginnen die Wunder in meinem
Kopf zu leben,
können schweben
und in der Realität Märchen ergeben.
Mit dir ist nichts mehr grau,
alles leuchtet kobaltblau.
Endlich trau ich mich so viele Dinge,
kann verrückte Sachen tun
und bin gegen jedes Virus immun.

45

TRÄUME ERWACHEN

Freundschaft gibt dir Kraft,
Freundschaft gibt dir Mut,
mit Freundschaft wird alles wieder gut.
Freundschaft lässt die Seele lachen
und die schönsten Ideen erwachen.
So besiegt man alle Drachen
und hilft den Träumen beim Erwachen.

ENGELSFREUNDE

Meine Engel haben keine Flügel,
sondern viel Geduld mit mir.
Der Heiligenschein ist verrutscht,
aber dafür sind sie hier.
Kommen immer wie gerufen,
sind stets da,
wenn ich sie brauch.
Spielen keine Harfe,
sitzen nicht auf Wolken,
folgen meiner Seele zum Tanz,
so sind sie meines Lebens Glanz
mit ganz viel Toleranz
haben wir im Geiste keine Distanz,
so ist unsere Freundschaft die größte Akzeptanz.

WUNDERVOLLER MENSCH

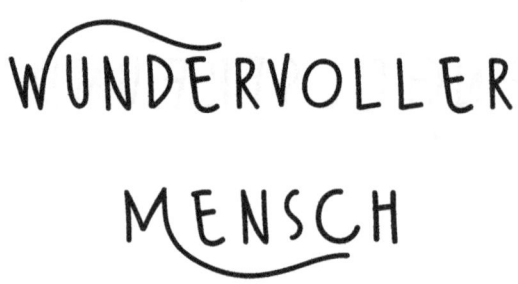

Da gibt es diese eine Seele,
diesen wirklich wahren Freund,
der mich begleitet, mich beschützt.
Diesen wundervollen Menschen,
der für mich da ist jederzeit
und jede Traurigkeit vertreibt,
bis nur noch Frohsinn übrig bleibt!

RAT

Mein Vertrauter,
mein Gefährte,
mein Kumpan,
mit dir fängt alle Freude von vorne an.
Mein Getreuer,
mein Verbündeter,
mein Kamerad,
von dir bekomm ich immer Rat,
du stehst zu mir bei jeder Tat.

DAS LETZTE HEMD

Streit, den kennen wir nicht,
oder Neid, der zu uns spricht,
jede Missgunst ist uns fremd,
ich gäb für dich das letzte Hemd.
Würde den Teufel aus der Hölle jagen,
ging dir jemand an den Kragen,
sollte jemals jemand wagen,
dir ein Leid zuzutragen.

KOMM UND BLEIB

Fröhlich tanzen,
lauthals lachen,
endlos reden,
sowas kann man nicht mit jedem,
sowas kann ich nur mir dir.
Komm und bleib für immer bei mir!

52

PETER PAN

Im Herzen Peter Pan bleiben,
jeden Regenbogen teilen,
in Träumen verweilen.
Bei kunterbunten Ideen nicht beeilen,
sowas kann ich bisweilen nur mit dir.
Du bist mein Freund
im JETZT und HIER,
bleib auf dieser Erdenreise bei mir!

IN DIR DAHEIM

Weil es dich gibt,
bin ich nie allein,
so wird es immer sein,
ich bin in dir daheim,
ganz dein so klitzeklein.
Freu mich,
dass es dich gibt,
werd nie zulassen,
dass unsere Freundschaft versiegt.
Werd mich immer über dein Lachen freuen
und unsere Abenteuer nie bereuen.
Bis irgendwann im Regenbogenland
bin ich immer an deiner Hand.

FREUNDSCHAFTSSPIEL

Im Gefühl nie allein sein,
im Herzen zu zweit sein,
sich unendlich freuen,
keinen Schabernack bereuen,
von Abenteuern besessen,
die Langeweile vergessen.
Das ist mein Ziel
für unser beider Freundschaftsspiel.

ERKENNTNISSE DES ZWEITEN STREICHS ...

WENN Du an Deine Freunde denkst, dann hat jeder von ihnen wundervolle Eigenschaften, die Du sehr schätzt.
Denk einmal über diese Eigenschaften nach und schreib sie nieder,
dann kehren sie in Dir selbst wieder.

....

....

....

....

....

....

....

....

....

....

                              ....

                              ....

                              ....

                              ....

                              ....

                              ....

                              ....

                              ....

                              ....

· ·
· ·
· ·
· ·
· ·
· ·
· ·
· ·
· ·
· ·
· ·
· ·
· ·
· ·
· ·
· ·
· ·
· ·
· ·
· ·
· ·
· ·
· ·

DRITTER STREICH ...

Was geben Dir Deine Freundschaften?
Für mich ist es ein unbeschreibliches Gefühl zu wissen, dass es Menschen
gibt, die meine Seele kennen und mich gerade deshalb mögen,
weil ich nicht perfekt bin.

SO KOMMEN WEITERE GEDICHTE VON MIR ZU DIR UND
ERZÄHLEN DIR VON DEN WUNDERN DER FREUNDSCHAFT.

Ohne Neid und Streit ist unsere **Freundschaft.**
Gerade weil wir **Nicht perfekt** sind, können wir **Im Herzen brennen**
und **Glücklich sein.**
Du bist mein Wir, Du bist ... Unbezahlbar, mit Dir kann ich die
Pferde zurückbringen, die die Traurigkeit stahl, und **Purzelbäume**
schlagend im Leben **Schweben.**

OHNE NEID UND STREIT

Kindlich sein
kann man am besten zu zweien.
Die Albernheit
braucht ihre Zeit,
so vergeht das Leid
und die Freude macht sich breit
ohne Neid und Streit.

FREUNDSCHAFT

Freude teilen,
Zeit vertreiben,
im Lachen verweilen
und sich niemals streiten.
Den Wunsch in des anderen Augen sehen
und die Seele lautlos verstehen.

NICHT PERFEKT

Wir sind nicht perfekt
und wir wollen es auch nicht werden.
Wir bleiben Freunde, bis wir sterben.
Wir feiern Feste und das Leben,
denn die Besonderheit unsrer Freundschaft
gibt es nur einmal im Leben.
Wenn wir in unsere Augen sehen,
werden die Abenteuer nie vergehen.
Jeder Tag bringt uns ein neues Glück
weil wir uns haben,
niemals vergessen,
denn wir haben die gleichen Interessen
und sind auf Fröhlichkeit versessen.

IM HERZEN BRENNEN

Einen kennen,
der noch verrückter ist,
sodass man allen Schmerz vergisst.
Einen kennen mit den buntesten Ideen,
die nie ausgehen.
Einen kennen und ihn seinen Freund nennen
und im Herzen brennen,
sich nie mehr trennen
und gemeinsam bis ans Ende aller Tage rennen!

GLÜCKLICH SEIN

Wir haben uns gefunden
auf dieser runden Kugelwelt.
Wir sind uns wichtiger als Geld
und haben ganz viel Sonne bestellt,
für unser beider Leben.
So können wir fröhlich schweben
und Wunschträume erleben,
können Zuckerwatte genießen
und auf alle Dummheit schießen.
Werden zusammen glücklich sein,
als wären wir auf der Welt allein,
solang wir sind zu zweien.

DU BIST MEIN WIR

Verrückte Sachen machen,
lauthals lachen, bis die Tränen kommen,
vom Scherzen benommen,
sowas kann ich nur mit dir,
denn du bist mein Wir,
so sind wir hier.

DU BIST ...

Du bist meine Lieblingssüßigkeit,
der Zauber in einer verrückten Zeit,
die Feiertage in jedem Jahr,
ein unendlicher Etat.
Du bist das Los, das immer gewinnt,
das endlos lachend fröhliche Kind.
Du bist der Anfang, der immer neu beginnt,
ein frischer warmer Sommerwind.
Du bist die Sternschnuppe am Firmament,
die immer eine Lösung kennt.
Du bist die Brause in meinem Bauch,
mein Lebenshauch.

UNBEZAHLBAR

Wenn du nicht kannst,
dann kann ich …
Wenn mir´s nicht klappt,
hast du´s schon fertig gemacht.
So verrückt sein kann ich nur mit dir,
unbezahlbar ist unser Wir.
Ewig soll es sein
und unendlich soll es scheinen.
Wenn wir uns haben,
gibt´s für unsere Seelen kein Weinen.

PFERDE ZURÜCKBRINGEN

Mit euch kann ich die Pferde zurückbringen,
die mir das Leben vorher stahl,
mit euch wird jeder Tag zur Wunderwahl.
Mit euch will ich noch lange bleiben
und alle Verrücktheiten teilen,
denn unbezahlbar ist das Glück,
findet man noch Verrücktere am Stück.

PURZELBÄUME

Meine Freude kann ich in deinen Augen sehen,
so wird mein Lachen nie vergehen.
Mein Herz wird Purzelbäume schlagen,
weil unsere Seelen sich so gut vertragen.

SCHWEBEN

Einen Sack voll Flöhe hüten
und den Regenbogen biegen,
eine ganze Nacht lang tanzen,
ein Dasein ohne irgendwelche Schranken,
das kann ich nur mit euch erleben,
dann ist das Leben,
wie ein Schweben,
ohne Beben,
voll von glücklichem Erleben.

ERKENNTNISSE DES DRITTEN STREICHS ...

WIRKLICHE Freunde kennen kein Gefühl von Neid oder dauerhaftem Streit. Denk darüber nach, welche Freunde wahr und echt und welche „Freundschaften" nur eine Illusion sind.
Mach Dir Notizen und lass Dein Herz entscheiden, wer in Zukunft als Freund in ihm wohnen darf.

. . . .
. . . .
. . . .
. . . .
. . . .
. . . .
. . . .
. . . .
. . . .
. . . .
. . . .
. . . .
. . . .
. . . .
. . . .
. . . .

. . . .
. . . .
. . . .
. . . .
. . . .
. . . .
. . . .
. . . .
. . . .
. . . .
. . . .
. . . .
. . . .
. . . .
. . . .
. . . .
. . . .
. . . .
. . . .
. . . .
. . . .
. . . .
. . . .

73

VIERTER STREICH ...

Kannst Du sie spüren, die sichere Zuversicht Deiner guten Freunde? Die Gewissheit, dass, egal was auch passiert, Du niemals allein sein wirst, da Deine Freunde für Dich da sind.

UND SO KOMMEN FRÖHLICH UND FREI DIE LETZTEN FREUDIGEN FREUNDSCHAFTSGEDICHTE FÜR DICH HERBEI ...

Freunde sind eine **Allianz fürs Leben**, sie sind **Engel** und **Energie, die ewig bleibt.** Man kann sich **Ohne Worte verstehen, Lauthals singen** und die **Pure Freude**, die **Nie vergeht**, genießen! Meine Freunde sollen **Für die Ewigkeit** wissen, dass jeder von ihnen **Mein Held** ist, dafür will ich **Danke sagen.** Ich freue mich auf Euch, meine **Sternenfreunde** im **Himmelsblau.**

ALLIANZ FÜRS LEBEN

Wir sind ein Bündnis,
eine Gemeinschaft,
eine Fusion,
eine Freundschaftsföderation,
eine Allianz fürs Leben,
um Träume zu weben
und durch Abenteuer zu schweben.

ENGEL

Du bist für mich ein Engel,
in dieser Welt voller Bengel,
mit 1000 Mängel.
Du gibst mir Hoffnung,
ein Lachen und Energie.
Du bist für mich die pure Magie.
Du bist mein Esprit,
deine Ideen vergehen nie.
Bist die Antwort auf das große: Wie.

ENERGIE,
DIE EWIG BLEIBT

Du hast mich verstanden all die Jahre,
mich nicht verändert,
sondern unterstützt.
Hast mich beschützt,
gefördert und nie ausgenützt.
Hast nicht gefordert,
nicht erwartet,
warst einfach da mit Heiterkeit all die Zeit.
Das ist eine Energie, die ewig bleibt
und jeden Kummer stets vertreibt.

OHNE WORTE VERSTEHEN

Ohne Worte verstehen,
die Seele in des anderen Augen sehen,
alle Wünsche erkennen,
sich in Ideen gemeinsam verrennen.
Endlich angekommen sein,
bei dem anderen und nicht allein.
Sich immer gegenseitig halten und das Leben bunt gestalten.
Herzen, die füreinander schlagen
und die Hoffnung des anderen tragen.
So kann ich mit dir
all die großen unbekannten Dinge wagen
und werde niemals verzagen.

LAUTHALS SINGEN

Lachend in eine Pfütze springen,
mit den Flausen im Kopf ringen,
lauthals singen,
dass die Lieder klingen,
so herrlich verrückt sein,
das fällt nur uns beiden ein!

PURE FREUDE

Pure Freude muss man teilen,
pure Freude wird dann bleiben
bei allen, die sie weitergeben,
denn so bleibt sie lang am Leben
und kann in unsern Herzen schweben
und ständig kleine Freudenfunken weitergeben.

NIE VERGEHT

Wenn man füreinander da ist,
die Seele sich nah ist,
man den anderen blind versteht,
dann ist es Freundschaft,
die nie vergeht.

FÜR DIE EWIGKEIT
WISSEN

Es ist schön,

dass es euch gibt.

Möchte euch nie wieder vermissen,

seid für mich da, geht's mir beschissen.

Redet mir in mein Gewissen

und ich fühl mich nicht mehr zerrissen.

Habt mich der Traurigkeit so oft entrissen,

werde mit euch die Freudenfahne hissen.

Ach, ich möchte euch nie missen,

dass sollt ihr für alle Ewigkeit stets wissen!

MEIN HELD

Würde es dich nicht geben,
dann wäre die Welt nicht rund.
Nur mit dir drauf ist sie kunterbunt.
Ohne dich wäre sie flach und fad,
und nichts wäre auf Draht.
Ich bin so froh, dass es dich gibt,
auf dieser Welt
bist du mein Held.

DANKE SAGEN

Deine Freundschaft ist wie Heimat,
ein Zuhause in mir drin,
wo ich nie alleine bin.
Deine Freundschaft hilft meinem Herzen zu schlagen,
so kann ich Unmögliches wagen
und muss mich nie über Einsamkeit beklagen.
Dafür wollte ich dir Danke sagen.

STERNENFREUNDE

Ihr seid unbezahlbar,
einfach nur da,
seid mein Stück Himmel
in der Zeit,
Richtung meiner Unendlichkeit.
Auch wenn ihr alles über mich wisst,
habt ihr mich gern
wie einen Stern.
So werden wir füreinander strahlen,
uns vor Freude überschlagen
dafür, dass wir Freunde sind.

HIMMELSBLAU

Mit dir kann ich das Blau des Himmels schmecken
und alle Dussel auf Erden erschrecken.
Mit dir kann ich im Regen tanzen
ganz ohne Finanzen.
Mir dir kann ich das Lachen der Sterne hören,
als wären es Millionen von Chören.
Dir werd ich meine Freundschaft schwören,
unendlich wird sie dir gehören,
nie wird uns jemals jemand stören.

ERKENNTNISSE DES VIERTEN STREICHS ...

JETZT kennst Du Deine wahren Freunde und ihre Wichtigkeit für Dein Leben. Wäre es da nicht einmal an der Zeit, „Danke" zu sagen?
Halt hier fest, wofür Du Deinen wundervollen Freunden
Danke sagen möchtest, auf dass dieses „Danke" nie verloren gehen kann.

. . . .

. . . .

. . . .

. . . .

. . . .

. . . .

. . . .

. . . .

. . . .

. . . .

. . . .

. . . .

. . . .

. . . .

. . . .

. . . .

. . . .

90

. . . .
. . . .
. . . .
. . . .
. . . .
. . . .
. . . .
. . . .
. . . .
. . . .
. . . .
. . . .
. . . .
. . . .
. . . .
. . . .
. . . .
. . . .
. . . .
. . . .
. . . .
. . . .
. . . .
. . . .

91

SCHLUSSHOFFNUNG

Ich hoffe,
dass Dir immer ein wahrer Freund zur Seite steht,
dessen Treue nie vergeht.
Dass Du die Energie spüren kannst,
die durch Freundschaft entsteht.
Das Gefühl zu erleben,
dass Dir Freunde Flügel schenken
und gleichzeitig ein sicheres Netz
über dem Boden der harten Tatsachen
für Dich aufspannen.
Genieße die Gewissheit,
mit Freunden im Leben nie
einsam werden zu können und
immer die Freude im Herzen zu haben.
Bis bald,
irgendwo in meinen Gedanken und Gedichten ...

Wundertütenpoet

Besuche mich auf

www.wundertuetenpoet.de